LE GUIDE PRATIQUE DES FIANCÉS

DANS LES DIVERSES Circonstances de la Vie

*** * ***

Librairie Populaire et Musicale
J. Ferrand, 38, Rue Tiquetonne, 38
- PARIS -

LE
GUIDE PRATIQUE
DES
FIANCÉS

DANS

TOUTES LES CIRCONSTANCES DE LA VIE

LE
GUIDE PRATIQUE
DES
FIANCÉS

DANS
TOUTES LES CIRCONSTANCES DE LA VIE

PAR

LAURENS-NAULRÈS

LETTRES, DÉCLARATIONS D'AMOUR
FORMULES, PENSÉES ET MAXIMES, MARIAGE, CÉRÉMONIAL
FIANÇAILLES, FORMALITÉS, PUBLICATIONS
MARIAGE CIVIL ET RELIGIEUX, OBLIGATIONS ET DEVOIRS
DES ÉPOUX
NAISSANCE DES ENFANTS LÉGITIMES ET ILLÉGITIMES
DES ACTES ET CONTRATS DE MARIAGE
SÉPARATIONS DE BIENS, SÉPARATIONS DE CORPS
DU DIVORCE ET DE SES CONSÉQUENCES LÉGALES

PARIS
LIBRAIRIE POPULAIRE
J. FERRAND
38, RUE TIQUETONNE, 38

AVANT-PROPOS

Qu'est-ce que l'amour?

Beaucoup l'ont défini à leur façon, prétendant qu'il est l'aspiration sainte donnée par Dieu, pour d'autres il est la source du bonheur sur terre; tandis qu'il en est, au contraire, qui ne voient dans l'amour qu'une perpétuelle souffrance, un mal constant, une tragédie sans fin.

Les uns et les autres ont raison.

Mais à côté de tout cela, il serait plus sage de le définir d'une façon plus douce des deux côtés, à seule fin que chacun puisse y trouver un juste milieu.

Comme nous n'avons pas tous la même façon de percevoir et de ressentir les mêmes sensations, il est plus juste de dire que l'amour est, dans le sens propre du mot et d'une manière générale, une affection profonde de l'homme pour la femme ou de la femme pour l'homme.

Laissons de côté les mots : volupté, flamme divine, etc., ainsi que toute la suite de ces qualificatifs creux, qui ne servent qu'à colorer un sentiment.

L'amour est l'affection (ou le sentiment si vous voulez) naturelle. C'est la chose par excellence non raisonnée, car malgré nous, sans que nous le voulions, nous nous éprenons d'amour. Violemment notre cœur bat ; c'est de satisfaction et de bonheur, s'il a contentement ; c'est d'angoisse et de désespoir, si le sentiment en cause n'obtient pas ce qu'il désire.

Par l'amour on arrive à tout.

Je dis à tout, parce que ce sentiment peut nous faire accomplir les plus belles choses,

comme les plus basses et les plus vilaines ;
un homme méchant peut du jour où il aime
changer du tout au tout ; l'amour est un bien
ou un mal selon qu'il est guidé ou conseillé.

***

Dans le cours de ce mémento, vous trouverez, lectrices et lecteurs, non pas des
conseils (car nul n'est maître en pareille
matière) mais des indications qui vous
seront très utiles, tant au point de vue :
Amants, fiancés ou époux.

Une première partie comprendra la
période des préliminaires en matière amoureuse ; c'est-à-dire première rencontre, déclaration, réponse, dans quel que soit le cas,
à cette déclaration.

Puis une série de modèles de lettres de
reproches, de raccommodements ou de
ruptures.

La seconde partie vous parlera de l'acte
capital de la vie : « du mariage » ; quelques

pages vous en diront son origine et son his-
toire à travers la vie et le monde.

Nous vous entretiendrons très longuement
sur le cérémonial en vigueur actuellement,
la demande et toutes les démarches, les
papiers nécessaires ; les mariages civils et
religieux, les différents mariages au point
de vue du Code, tels que, communauté, séparation de biens, séparation de corps; en un
mot tout ce qu'il est nécessaire de connaître
dans la vie à deux et, pour épiloguer, nous
finirons par le divorce. Ce qui termine pour
deux époux, l'hymen, et pour nous, chers
lectrices et lecteurs, notre Guide-Mémento
que nous souhaitons d'avoir rendu assez
clair pour être compris de tous.

LAURENS-NAULRÈS.

DÉCLARATIONS D'AMOUR

Conseils.

Manière de faire une lettre.

Ce qu'il faut observer aux débuts d'une liaison.

CHAPITRE PREMIER

DE LA DÉCLARATION D'AMOUR

Aveux,
langage à employer et à observer.

DÉCLARATION D'AMOUR

La déclaration est un aveu de l'amour et du sentiment éprouvé. Montrez-vous tel que vous êtes, si vous voulez persuader que vous aimez et avoir une affection sincère et durable de la personne à laquelle vous vous déclarez.

Une déclaration d'amour est facile à faire et à écrire pour l'homme qui aime sincèrement. Il suffit de traduire avec vérité les sentiments et les sensations qui l'émeuvent.

La femme, comme l'homme, doit être simple et surtout lorsqu'elle fait parler son cœur. Il faut éviter l'affectation et ne pas paraphraser son sentiment. Un mot résumerait tout : « précision ».

Il faut éviter aussi les flatteries ou les louanges extravagantes, les fausses douleurs, les gémissements continus ; on ne peut qu'attirer le ridicule par de semblables moyens.

Avant de se déclarer à une femme, l'homme devra étudier le caractère de cette dernière à seule fin de ne pas commettre d'impair ; tous les cœurs n'ont pas le même degré de sensibilité ; ce qui fait qu'une lettre sentimentale ne plaira pas à une coquette ; une ambitieuse se rira d'une simple lettre, si on ne se montre pas assez ambitieux, même pour elle.

Ne soyez pas trop pressé, car c'est une *imprudence* de solliciter une réponse favorable à une déclaration.

Nous ne pouvons tracer de règles fixes pour la correspondance amoureuse. Quelques lettres faites après une entrevue et les paroles échangées de part et d'autre vous donneront le moyen le plus pratique pour exprimer votre pensée et l'écrire en un style précis et clair. Éviter les phrases qui n'en finissent plus, dans lesquelles on s'embrouille, car rien n'est plus ennuyeux que de lire une lettre qui n'a pas de suite correcte dans la construction de la phrase.

Éviter aussi les lettres trop longues, surtout dans les préliminaires de votre connaissance; s'inspirer quelque peu des modèles de lettres données dans le recueil; bien réfléchir à ce que l'on veut écrire, c'est le meilleur moyen de faire quelque chose à peu près bien.

Une autre condition s'impose : écrire lisiblement. La phrase perd de son effet si on est obligé de l'épeler péniblement.

Il faut que la pensée frappe l'œil qui la lit et non qu'elle soit déchiffrée à la suite d'un travail pénible; éviter le plus possible les fautes d'orthographe; si de grosses fautes se rencontraient dans le cours d'une lettre, la plus douloureuse, comme la plus sentimentale, prêterait à rire.

Les débuts de lettre entre amants et maîtresses diffèrent de l'intimité; mais vous ne pouvez raisonnablement, lorsque vous faites part pour la première fois de votre amour à une personne, commencer votre lettre par : Ma bien-aimée, Ma chérie; simplement : Mademoiselle, Madame ou Monsieur. Dans l'avenir, à votre gré, à votre fantaisie, vous employez pour la personne le terme qui vous plaît le mieux, avec certitude, tout au moins, qu'il plaise.

LETTRE FAITE APRÈS UNE ENTREVUE

Supposons que la première fois vous avez rencontré dans une maison amie, dans un endroit public, dans une fête quelconque, une demoiselle. Une circonstance toute fortuite vous a fait lui adresser la parole; la conversation s'engage, banale, la majeure partie du temps; puis, par une chose impossible à définir, vous vous éprenez d'amour pour la personne avec laquelle vous avez conversé. (Il est bien entendu que vous êtes censé connaître son domicile, ou celui de sa famille, ou encore que vous la rencontrerez.) Rentré chez vous, vous êtes désireux de faire connaître à cette demoiselle l'effet qu'elle vous a produit, le sentiment qu'elle a fait naître en vous. Partant de ce point et, en admettant ce qui suit comme étant la chose vraie, nous allons faire cette lettre.

La jeune fille a 18 ans. Vous l'avez rencontrée dans une famille amie, à votre avis el'e est belle et, telle, elle vous plaît.

Elle est brune.

Ses yeux sont noirs.

Sa distinction vous a charmé.

Votre plus grand désir est de la revoir.

Depuis huit jours, époque de votre connaissance, votre pensée est sans cesse vers elle.

Et, pour résumer l'état de votre cœur, et lui donner une joie, votre bonheur serait de ne pas être trop indifférent pour cette jeune personne.

*
* *

Voici en 8 lignes le résumé de votre entre-vue avec cette jeune fille. Tout ce que nous venons d'exposer succinctement est la charpente de votre lettre, maintenant il ne s'agit que de faire tenir ensemble ces 8 lignes d'une façon correcte et vous verrez que la lettre dira à la jeune fille votre amour pour elle et votre bonheur en même temps si, de son côté, elle n'est pas pour vous indifférente. Nous commençons :

MADEMOISELLE,

Encore sous l'impression de notre première entrevue, séduit par votre charme, j'aime à me rappeler les quelques instants passés près de vous, à la soirée de la famille X... et suis heureux de me les remémorer.

Depuis ce jour, votre souvenir ne m'a pas quitté. Votre distinction, vos grands yeux noirs caressants et si doux, toute la joliesse de votre gracieuse personne me poursuivent délicieusement.

Je bénis le jour qui m'a fait vous rencontrer et, tout en me permettant de vous dire « je vous aime », croyez que mon bonheur sera sans limite, si à votre tour vous me permettez d'espérer.

Bien respectueusement.

PAUL.

Voici fait.

Vous avez dit à cette demoiselle que vous l'aimiez, et dans un texte des plus simples, qui bien souvent produit le meilleur effet.

Pour faire une lettre il n'est pas de règle.

L'essentiel est de chercher d'une façon précise ce que l'on pense, voudrait dire; en faire

2

une sorte de canevas; relier le tout ensuite est la chose la plus simple.

Il est bien entendu que cette façon de faire est simplement pour un sentiment que l'on éprouve; si on veut exprimer un sentiment qui n'existe pas, la tâche est plus ardue.

Il en est de même pour les lettres de reproches et de ruptures, bien s'interroger, se dire : Si je lui parlais, je dirais cela, puis cela; au fur et à mesure que l'idée vient, l'écrire telle qu'elle est pensée et procéder pour ces lettres comme pour la précédente.

Formules et fins de lettres

Les formules amoureuses sont en très grand nombre. Ainsi l'on écrit :

MA BIEN-AIMÉE,
MA CHÈRE,
MA CHÉRIE,
MON ADORÉE,
MON ANGE, etc., etc.

Les fins de lettres sont les suivantes :

Agréez l'assurance de mes sentiments respectueux.

Recevez l'assurance de mes sentiments distingués.

Bonnes amitiés.

Votre dévoué.

Un bon baiser.

A vous à toujours.

Croyez-moi votre bien dévoué.

Affectueusement à vous.

Tendres baisers.

Recevez mes affectueux compliments.

Respectueusement.

Croyez à toute ma considération.

Croyez à mon amour éternel.

Croyez à tout mon attachement.

Votre tout dévoué.

Tout à vous.

Votre bien dévoué.

Amicalement à vous.

A vous à jamais.

Toujours à vous.

A vous bien affectueusement.

Sentiments distingués, etc., etc.

DÉFINITIONS
DE L'AMOUR

Pensées. — Maximes.
Les grands hommes et leur opinion
sur l'Amour.
Citations, etc., etc.

CHAPITRE II

PENSÉES, MAXIMES
DEVISES, DÉFINITIONS

Les poètes ont, de tout temps, chanté l'amour et l'ont défini à leur manière. Nous donnons ci-dessous quelques définitions et pensées de personnages célèbres. Le lecteur fera bien de les consulter, elles peuvent lui être d'une très grande utilité en puisant une idée pour le développement d'une lettre.

*
* *

Le mariage n'est pas toujours, comme on le suppose, la conclusion de l'amour.

(Napoléon.)

L'amour, c'est l'égoïsme en deux personnes.

(Byron.)

L'amour habite dans les plus belles âmes, comme le ver dévorant s'attache au bouton de la plus belle rose.

(Shakspeare.)

L'amour qui naît subitement est le plus long à guérir.

(La Bruyère.)

Le malheur des cœurs qui ont aimé, c'est de ne rien trouver qui remplace l'amour.

(Duclos.)

Pour vivre, l'amour a besoin de confiance; c'est la confiance qui donne cette foi dans l'avenir, cette sécurité sans lesquelles on chercherait en vain à goûter les jouissances du présent.

(Shakspeare.)

L'amour est une passion aveugle qui fait porter son bandeau à tous ceux qu'elle assujettit.

(Sénèque.)

L'amour est un voyageur qui ne revient jamais sur ses pas et ne foule jamais deux fois les mêmes gazons.

(Baudelaire.)

L'homme est tellement créé pour l'amour qu'il ne se sent homme que du jour où il a la conscience d'aimer pleinement ; jusque-là, il cherche, il s'inquiète, il s'agite, il erre dans ses pensées. De ce moment il s'arrête, il se repose, il est au fond de sa destinée.

(Lamartine.)

L'amitié est le plus grand mot des femmes, soit pour introduire, soit pour congédier l'amour.

(Sainte-Beuve.)

Tous les trésors de la terre ne valent pas le bonheur d'être aimé.

(Calderon.)

L'amour a horreur de tout ce qui n'est pas lui-même.

(Balzac.)

Le véritable devoir de l'amour est d'inspirer de l'ardeur, du zèle, du courage : animé par un mobile si puissant, on se surpasse soi-même.

(Mirabeau.)

L'amour pénètre dans les lieux mêmes où les loups n'oseraient pas aller chercher leur proie.

(Lord Byron.)

L'amour, c'est l'aide que Dieu a donnée à l'âme pour monter vers lui.

(Michel-Ange.)

C'est de Dieu qu'il sort, c'est à lui qu'il remonte.

(P. Leroux.)

C'est une pure rosée qui descend du ciel dans notre cœur quand il plaît à Dieu.

(A. Houssaye.)

On aime souvent les femmes des autres.

*
* *

L'amour donne de l'esprit au plus naïf.

***

L'amour triomphe de tout.

(Virgile.)

Le véritable amour, toujours modeste, n'arrache pas ses faveurs avec audace, il les dérobe avec timidité. La décence et l'honnêteté l'accompagnent au sein de la volupté même et lui seul sait tout accorder au désir sans rien ôter à la pudeur.

C'est une erreur cruelle de croire que l'amour heureux n'a plus de ménagements à garder avec la pudeur et qu'on ne doit plus de respect à celle dont on n'a plus de rigueurs à craindre.

(J.-J. Rousseau.)

On ne badine pas avec l'amour.

***

Loin des yeux, près du cœur.

***

Plaisir d'amour ne dure qu'un jour.

***

Qui aime bien châtie bien.

***

En l'amour, l'attente du plaisir est presque toujours préférable au bonheur même.

(Esquiros.)

L'homme parle de son amour avant de l'avoir senti; la femme n'avoue le sien qu'après l'avoir prouvé.

(Laténa.)

L'amour, d'après Buffon :

Désir inné, âme de la nature, principe inépuisable d'existence ! Puissance souveraine qui peut tout et contre laquelle rien ne peut, par qui tout agit, tout respire et se renouvelle !

Divine flamme ! Germe de perpétuité répandu dans tout avec le souffle de la vie ! Précieux sentiment qui peut seul adoucir les cœurs féroces et glacés en les pénétrant d'une douce chaleur ! Cause première de tout bien, de toute société qui réunis sans contrainte et par tes seuls moyens les natures sauvages et dispersées ! Source unique et féconde de tout plaisir, de toute volupté ! Amour ! comment ne t'aurait-on pas divinisé ! ! !

(Buffon.)

La langue du cœur est universelle, il ne faut que la sensibilité pour l'entendre et la parler.

(Duclos.)

Dans l'amour, si l'inconstance donne des plaisirs, la constance seule donne le bonheur.

(L'Abbé Trublet.)

L'amour a une chaleur qui sert de courage à ceux qui n'en ont point.

(Saint-Evremont.)

L'amour est une trop belle chose pour qu'on la donne pour rien à ceux que l'on n'aime pas.

(Liane de Pougy.)

DES DEMANDES
EN MARIAGE

Fiançailles.
Invitations. — Faire-part.

~~~~~~~~~~~~~~~~~~~

DES CADEAUX

Cadeaux entre Amants.
Cadeaux de Fiançailles.
Cadeaux de Mariage.
~~~~~~~~~~~~~~~~~~~

CHAPITRE III

DES DEMANDES EN MARIAGE

La demande officielle pour un mariage doit toujours être faite par le père (par la mère, dans le cas où elle est veuve). Par les aïeuls quand le père et la mère sont décédés.

A défaut du père et de la mère et des aïeuls, on charge de la demande un parent ou une parente; à défaut de toute parenté, des amis; dans ce cas, une femme est plus heureuse dans le choix.

La demande se fait aux parents de la jeune fille. Il est toutefois prudent et sage de pressentir la demoiselle intéressée, ceci coupe court parfois à bien des ennuis. On peut tout aussi bien demander la main d'une demoiselle à sa famille par écrit, cette façon est aussi correcte que l'autre.

Quand les parents des deux familles sont en pourparlers pour les apports des deux fiancés, que les conventions du contrat sont acceptées de part et d'autre, l'annonce du mariage aux parents et amis des familles intéressées peut se faire. Il serait fâcheux qu'une question d'intérêts vienne rompre le mariage projeté, après les cadeaux de fiançailles échangés et les préparatifs de la cérémonie commencés.

Il est d'usage que les fiancés ne prennent pas part aux discussions des deux familles et n'y assistent pas.

La conduite du fiancé à l'égard de la fiancée est guidée par le bon sens et le respect que l'on porte à celle-ci.

Il doit s'efforcer de plaire à celle qui sera

sa femme; et selon le milieu dans lequel il vit, selon les relations avec la jeune fille et sa famille, il se trace une règle de conduite.

*
* *

La jeune fille, de son côté, doit être naturellement réservée. Pas plus pour elle que pour le fiancé, nous n'avons de guide ou de conseils à lui donner, tout s'approprie à son milieu social; du reste les parents étant là, la meilleure manière de procéder sera de suivre leurs conseils.

Des fiançailles.

On entend par temps de fiançailles la période qui s'écoule entre la demande en mariage et la célébration de la cérémonie.

L'usage veut que le fiancé offre à la fiancée quelques cadeaux ou envois de fleurs, selon la position que l'on occupe. Les fleurs ont sur la femme beaucoup de prestige, et c'est le cadeau le plus à portée de tous.

Le fiancé offre aussi une bague (bien entendu pour ceux qui veulent se conformer aux usages), qui n'est pas l'alliance, bague à perle, diamant ou pierre, selon son goût.

La fiancée n'est pas tenue à rendre cadeau pour cadeau, elle agit comme bon lui semble. Encore une fois tout ceci n'est qu'affaire de convenances et la façon de mieux s'en acquitter est de choisir celle qui vous convient le mieux pour plaire à sa fiancée.

Invitations et faire-part.

La lettre de faire part ne varie pas du modèle ci-dessous :

Monsieur X... et Madame X... ont l'honneur de vous faire part du mariage de monsieur X..., l   fils, avec mademoiselle Z... et vous prient d'assister à la bénédiction nuptiale qui leur sera donnée en l'église de B..., le ... 19..., à 11 heures précises.

A... le   19

Le même modèle de lettre est à l'usage de la fiancée, en regard de celle-ci, la substitution des noms suffit.

Des Cadeaux.

Cadeaux d'amants. — Cadeaux de fiançailles. — Cadeaux de mariage

L'influence du cadeau est incontestable. Entre amants, la jeune fille comme le jeune homme peuvent mutuellement se faire des cadeaux.

Les cadeaux à faire à une demoiselle varient à l'infini. Fleurs, bijoux, etc. Il est une autre sorte de cadeaux qui constitue plutôt un souvenir, tels que cheveux, portraits, etc. Un objet sans valeur commerciale est parfois celui qui fait le plus plaisir.

Les prétextes à cadeaux sont nombreux :

l'anniversaire, les fêtes, le jour de l'an, Noël et les dates qui vous remémorent des souvenirs intimes.

Les cadeaux qu'une jeune fille peut offrir sont : articles de fumeur, parfumerie, fantaisie, cannes, épingles de cravates.

Il est de très mauvais goût de réclamer, après rupture, les cadeaux faits antérieurement.

Le cadeau de fiançailles consiste ordinairement en bagues, broches et bijoux.

Les cadeaux de mariage sont indéfinis, selon l'état de fortune des fiancés.

LE CÉRÉMONIAL
DU MARIAGE

Cérémonie du mariage en France.
Mariage à la mairie et à l'église.
Devoirs des garçons
et des demoiselles d'honneur.
Réglementation de la cérémonie.
Lunchs. — Voyage de noce.
Visites à rendre.
Lettres de faire-part.

CHAPITRE IV

LE MARIAGE ET LE CÉRÉMONIAL

EN FRANCE

De tous les temps, comme dans tous les pays, le mariage a été célébré sous toutes les formes, il est une occasion de réjouissances et de divertissements.

Il n'y a guère que les peuples civilisés qui attachent de l'importance à la cérémonie du mariage; pour les peuplades sauvages, ce n'est qu'une simple convention : chez eux, pas de contrats, l'union libre et voulue de part et d'autre suffit.

En France, la cérémonie du mariage varie

d'une contrée à l'autre; il serait trop long d'énumérer toutes ces cérémonies. Nous ne parlerons donc que de celle que l'on observe généralement dans les villes.

****

La cérémonie du mariage se divise en deux parties principales :
Le mariage civil;
Le mariage religieux.

Mariage civil.

Le jour du mariage civil, le fiancé se rend chez les parents de sa future. A l'heure indiquée pour le départ, les jeunes fiancés montent chacun dans une voiture, ayant à leur côté leurs parents respectifs.

****

La voiture de la fiancée se met en marche la première; celle du fiancé la suit, celles des témoins viennent ensuite, ainsi que les invités.

Le nombre des témoins est de quatre.

Deux pour chacun des futurs époux. (Les femmes peuvent servir de témoin.)

***

Lorsque le maire ou son adjoint a lu à chacun des époux leurs droits et devoirs réciproques, et que la question de consentement est posée, les nouveaux mariés et les quatre témoins signent sur le registre des mariages.

***

La cérémonie civile étant terminée, ils se rendent immédiatement à l'église, si cette cérémonie a lieu après, car bien souvent le mariage religieux est remis au lendemain.

Mariage religieux.

Une fois à l'église, le père de la mariée descend de voiture, donnant le bras à sa fille le premier; le marié vient ensuite, donnant le bras à sa mère; la famille du marié se tient à droite, celle de la jeune fille à gauche.

***

Ce n'est qu'à la sortie de la sacristie que le marié donne le bras à sa femme, le père du marié donne le bras à la mère de la mariée, le père de la mariée donne le bras à la mère du marié. Les invités suivent après les garçons et demoiselles d'honneur.

***

A la sortie de l'église, les deux époux montent dans la même voiture avec la famille du marié, la seconde voiture est occupée par les parents de la mariée.

***

Pour les unions entre époux de religions différentes, la cérémonie ne peut être célébrée dans le temple des deux religions que si l'un des époux appartient à la religion catholique, l'autre à la religion protestante.

Dans ce cas, celui qui appartient à la religion catholique doit solliciter une réponse de l'évêque qui ne l'accorde que si le sollicitant ou la sollicitante convient par écrit et sous serment que les enfants nés du mariage seront élevés dans la religion catholique.

La célébration du mariage au temple protestant est gratuite. Combien est différente la religion catholique, où tout se paye du premier au dernier des sacrements ! Plus vous avez de luxe, plus c'est cher.

L'époux juif n'est pas reçu dans l'église catholique et l'époux chrétien n'est pas admis, lui non plus, à la synagogue.

Les cérémonies civiles et religieuses ayant

pris fin, selon les positions sociales occupées par les jeunes époux, les parents et invités sont réunis en un banquet ou simple lunch.

Le lunch se prolonge ordinairement dans l'après-midi, il est quelquefois suivi d'une sauterie.

Les mariés (si c'est dans leur position de fortune) partent pour leur voyage de noces après le lunch. Voyages en Italie, Suisse, en Belgique ou simplement dans le midi de la France.

***

Dans le cas où les jeunes époux ne feraient pas de voyage de noces, ils sont tenus à faire dans les trois jours qui suivent leur mariage une visite à leurs parents et à leurs amis.

Les lettres de faire-part s'envoient peu de jours après la célébration du mariage

Les lettres des deux familles sont mises sous
la même enveloppe.

Devoirs des Garçons d'honneur

et des

Demoiselles d'honneur

Des Garçons d'honneur.

On désigne généralement comme garçons
d'honneur le frère ou l'un des proches parents du marié, ou de la mariée, ou, à défaut,
un ami très intime du marié.

Le garçon d'honneur est le maître de cérémonie de la noce, il supplée le marié pendant
toute la durée du mariage et lui évite les

petites tracasseries des quémandeurs, co-
chers, gens de service, domestiques, etc.

Il est indispensable de choisir un jeune
homme actif, débrouillard et connaissant les
usages. Il devra donc connaître par avance
les parents et amis des deux familles, afin
de pouvoir assigner à chacun le rang et la
place que l'on devra occuper, soit pour le
cortège à l'église, soit à table, pour le repas
ou le lunch. Ces renseignements lui seront
communiqués par les mariés.

Le garçon d'honneur devra, par avance,
dresser une liste complète des invités, parents et amis, afin d'éviter aussi tous frois-
sements entre personnes se connaissant peu.
C'est surtout auprès des dames qu'il devra
se montrer le plus empressé, en choisissant
pour chacune d'elles le cavalier qui pourra
le mieux convenir à leur âge et à leur caractère, les maris et femmes ne devront pas se
trouver ensemble, pour donner aux jeunes
gens plus de liberté et leur faciliter les moyens
de se montrer sous un jour favorable auprès

de leur dame, la gaieté et l'entrain de la noce en profiteront.

Les fonctions du garçon d'honneur sont très délicates, elles demandent du tact et de l'intelligence, on fera bien de les confier à un jeune homme connaissant les règles du savoir-vivre et de la bienséance. Il devra se montrer gai, jovial et bon enfant, payer beaucoup de sa personne pendant toute la journée, empressé auprès des dames et désireux de plaire à tous, en donnant à table quand le moment sera venu le signal des toasts au marié et à la mariée.

Le premier, il lèvera son verre à la santé des nouveaux époux, et s'il est tant soit peu musicien ou poète, à l'occasion, dira quelques paroles, un monologue, s'il ne sait, ou ne peut chanter. (Les jeunes gens et jeunes filles trouveront chez l'éditeur de ce livre des monologues à dire, soit pour noces, baptêmes ou réunions d'amis.) (Voir le catalogue spécial de la Maison envoyé à toute personne qui en fait la demande par écrit.)

Le garçon d'honneur, après son allocution, porte un toast aux mariés, ainsi qu'à la demoiselle d'honneur.

Pendant toute la durée du repas, il entretiendra la gaieté et la bonne humeur des convives, par des bans, pomponnettes et autres amusements. Lorsque le programme des divertissements sera épuisé, le garçon d'honneur donnera le signal des danses et formera le premier quadrille avec le marié, la mariée et la demoiselle d'honneur.

Le rôle du garçon d'honneur ne sera terminé qu'à la fin, le départ du marié et de la mariée ne devant pas interrompre la fête, les danses se continueront ainsi jusqu'au matin.

Du rôle des Demoiselles d'honneur.

Il est d'usage de désigner comme demoiselles d'honneur les sœurs du marié et de la mariée, quel que soit leur âge; elles sont toujours accompagnées de leur garçon d'honneur pendant toute la durée de la cérémonie à l'église, ce sont elles qui font la quête.

Le rôle de la demoiselle d'honneur est beaucoup moins compliqué que celui du garçon d'honneur; il consiste surtout à accompagner la mariée, à veiller sur la toilette de celle-ci, à prévenir tous ses désirs et à l'entourer de soins et de prévenances; il est donc indispensable de choisir une sœur ou à défaut une amie intime. Il sera bon de la présenter par avance au garçon d'honneur, dont elle sera la compagne pendant toute la durée du mariage.

Au repas ou au lunch, elle sera placée près du garçon d'honneur; d'humeur gaie, aimable, elle facilitera beaucoup la tâche du garçon d'honneur.

Nous ne nous étendrons pas davantage sur le rôle des demoiselles d'honneur, la femme ayant l'intuition naturelle de ce rôle délicat. Au dessert, elle répondra à son garçon d'honneur par une petite allocution adressée aux mariés, en portant un toast à leur santé et à celle du garçon d'honneur. Si elle est tant soit peu musicienne, elle chantera une chanson de circonstance, ou dira un monologue appris par avance (L'éditeur de ce livre procure des chansons et monologues pour noces, baptêmes, etc.)

Il ne nous reste plus qu'à fermer ce chapitre par un conseil à nos aimables lectrices en leur rappelant ces vers de Boileau :

Ne forcez pas votre talent,
Vous ne feriez rien avec grâce.

LE MARIAGE
DEVANT LA LOI

~~~~~~~~~~

POUR CONTRACTER MARIAGE
CONDITIONS IMPOSÉES

Formalités. — Consentements.
Sommations. — Papiers et pièces
à produire. — Demande.
Publications.
Mariages civils et religieux.
Pièces à produire.
Obligations mutuelles des époux.
~~~~~~~~~~

CHAPITRE V

CONDITIONS IMPOSÉES
POUR CONTRACTER MARIAGE

L'homme avant 18 ans, la femme avant 15 ans révolus ne peuvent contracter mariage ; pourtant, en cas spécial, le Président de la République peut accorder une dispense d'âge.

Pour ces dispenses, il faut adresser la demande au Ministre de la Justice en se servant de l'intermédiaire du Procureur de la République de son arrondissement.

Pour l'obtention de cette dispense, il est perçu un droit de 120 francs pour le sceau et l'enregistrement.

***

L'homme avant 25 ans, la femme avant 21 ans révolus ne peuvent contracter mariage sans le consentement de leurs père et mère. Dans le cas où l'un des deux est mort, le consentement de celui qui reste suffit.

Les Sommations.

Lorsque le consentement des parents est refusé à l'un ou à l'autre des fiancés (l'homme ayant 25 ans, la femme 21 ans), ils peuvent passer outre et contracter mariage, en faisant des sommations respectueuses.

On appelle sommation respectueuse, la démarche que font les enfants près de leurs père et mère en vue d'obtenir leur consentement au mariage.

Ces sommations doivent être faites par le ministère des notaires, le nombre des sommations à faire est de trois, de mois en mois; une seule sommation suffit lorsque l'homme a atteint trente ans et la femme vingt-cinq.

L'acte respectueux est fait en termes révérentiels.

Des empêchements pour cause de parenté.

L'article 144 du code civil dit :

Le mariage est prohibé en ligne directe, entre tous les ascendants et descendants légitimes et naturels et les alliés dans la même ligne.

L'article 187 du code civil dit :

En ligne collatérale, le mariage est prohibé entre le frère et la sœur légitimes et naturels et les alliés au même degré.

On appelle ligne collatérale, la suite des degrés entre personnes qui ne descendent pas les unes des autres, mais d'un auteur commun, (els deux frères.

Le mariage est aussi interdit entre l'oncle et la nièce, la tante et le neveu, beaux-frères et belles-sœurs; néanmoins le Président de la République, pour des causes graves, peut enlever la prohibition. Ces dispenses sont adressées au Ministre de la Justice par l'intermédiaire du procureur de la République de son arrondissement.

Publications.

Lorsque les parents ont à leurs enfants donné leur consentement ou laissé faire par le notaire les sommations respectueuses, les fiancés vont à la mairie de leur domicile faire les publications légales.

Les parents peuvent les suppléer dans cette démarche.

Une seule publication suffit dans la ville où ils résident respectivement si les futurs sont majeurs.

La publication doit avoir lieu à la mairie de leurs parents respectifs, s'il sont mineurs.

Les publications de mariage sont affichées dans les mairies pendant onze jours, avant la célébration.

Les pièces à produire pour contracter mariage sont les suivantes pour chacun des fiancés.

Mariage civil.

1º L'acte de naissance.

2º Le consentement des parents, s'ils ne peuvent se rendre à la mairie.

3º Le procès-verbal des actes respectueux, s'il y a eu des sommations de faites.

4º L'acte de décès des père et mère. Si l'un ou l'autre est décédé, ou l'acte d'absence s'ils ont disparus.

5º Un certificat de médecin constatant la maladie des parents s'ils ne peuvent se rendre à la mairie pour donner leur consentement.

Pour le mariage civil on se rend à la mairie aux heure et jour indiqués par le maire.

Chaque fiancé est accompagné de deux

témoins qui signent sur le registre de l'état civil.

Pour le mariage religieux, les pièces nécessaires sont :

Mariage religieux.

1° Un certificat de l'officier de l'état civil qui a procédé au mariage des époux.
2° L'extrait de baptême.
3° Un certificat de publication des bans.
4° Un billet de confession.

Le mariage religieux ne peut s'accomplir en France que lorsque le mariage civil est consacré. Cette cérémonie se fait généralement dans la paroisse de la mariée.

Le pape accorde des dispenses entre parents, mais cela coûte très cher.

CHAPITRE VI

DEVOIRS DES ÉPOUX

Des obligations du mariage.

Par le fait du mariage, les époux contractent l'obligation de nourrir, entretenir et élever leurs enfants.

En revanche, les enfants doivent les aliments à leurs père et mère et aïeuls s'ils sont dans le besoin.

L'article 207 du Code civil dit :
Les gendres et belles-filles doivent éga-

lement et dans les mêmes circonstances des aliments à leurs beaux-parents.

Cette obligation cesse :

1° Lorsque la belle-mère a convolé à de secondes noces ;

2° Lorsque celui des époux qui produisait l'affinité et les enfants issus de son union sont décédés.

Les obligations résultant de ces dispositions sont réciproques.

Il est bien entendu que l'on entend ici par le mot « aliments » tout le nécessaire pour vivre, tel que le logement et les vêtements.

*
* *

L'article 203 du Code civil dit :

Les époux se doivent mutuellement fidélité, secours et assistance.

*
* *

Le mari doit protection à sa femme, la femme obéissance à son mari.

La femme est obligée d'habiter avec son

mari et de le suivre partout où il juge bon de résider.

Le mari est obligé de lui fournir tout ce qui est nécessaire pour les besoins de la vie, selon ses moyens.

La femme qui contracte mariage perd la plupart de ses droits civils, car la puissance et l'autorité sont dévolus au mari.

Pour faire certains actes importants, l'épouse est donc dans la nécessité de demander l'autorisation ou le consentement de son époux.

La femme ne peut se présenter devant le juge sans le consentement de son mari, l'autorisation devient superflue lorsque la femme est poursuivie en matière criminelle ou de police.

Le mari peut recourir à l'emploi de la force publique pour contraindre sa femme à réintégrer le domicile conjugal.

*
**

La femme ne peut :

1º Donner ;

2º Aliéner ;

3º Hypothéquer ;

4º Acquérir, à titre onéreux ou gracieux ;

5º Ester en justice.

*
**

La femme ne peut être commerçante sans l'autorisation de son mari ; cette autorisation accordée, elle peut faire tous les actes qui se rapportent à son commerce sans autorisation spéciale.

*
**

Le tribunal peut, quand le mari refuse d'autoriser sa femme à passer un acte ou à comparaître en justice, donner cette autorisation.

*
**

La femme peut tester sans aucune autorisation, cette pièce étant l'œuvre de sa propre volonté.

****

L'adultère du mari, en quelque lieu que ce soit, autorise la femme à demander le divorce.

****

L'adultère de la femme, en quelque lieu que ce soit, est punissable de trois mois de prison et autorise le mari à demander le divorce.

****

Tout enfant conçu pendant le mariage a pour père le mari. (Article 316 du Code civil.)

DES ENFANTS

Enfants légitimes et naturels.
Faire-part de naissance. — Baptêmes.
Devoirs
des parrains et marraines.

Secours aux femmes enceintes.
Assistance publique.
Maternité, etc.

Peines édictées par la loi
pour les abandons d'enfants
et infanticides.

CHAPITRE VII
DES ENFANTS

La déclaration d'un enfant doit être faite par le père, à son défaut par le médecin, la sage-femme ou par une personne présente à la naissance de l'enfant. La loi exige que la déclaration d'un nouveau-né soit faite à la mairie du lieu où la mère est accouchée, dans les trois jours qui suivent la naissance.

****

La déclaration doit être faite même si l'enfant est mort-né; dans ce cas, un médecin doit attester verbalement ou par écrit que la mort a précédé la naissance.

Dans les villes, un médecin de l'état civil se rend chez l'accouchée pour vérifier le sexe de l'enfant à déclarer.

Lorsque deux jumeaux sont nés, le premier venu au monde est déclaré comme étant l'aîné au point de vue de la loi.

Enfants naturels.

La recherche de la paternité est interdite.
La recherche de la maternité est admise.
On peut légitimer les enfants naturels.

La déclaration d'un enfant naturel est faite de la même façon que pour un enfant légitime.

Les enfants naturels peuvent être déclarés de père et mère inconnus, reconnus des deux ou d'un seul.

Les enfants dont l'origine ne peut être reconnue sont :

1º Les enfants adultérins, nés d'un ou de deux parents mariés ;

2º Les enfants incestueux, c'est-à-dire les enfants nés de père et mère parents, alliés à un degré interdisant le mariage.

L'article 317 du Code pénal dit :

Quiconque, par aliments, breuvages, médicaments, violences, ou par tout autre moyen, aura procuré l'avortement d'une femme enceinte, soit qu'elle y ait consenti ou non, sera puni de la réclusion.

La même peine sera prononcée contre la femme qui se sera procuré l'avortement à elle-même, ou aura consenti à faire usage des moyens à elle indiqués ou administrés à cet effet, si l'avortement s'en est suivi.

Les médecins, chirurgiens et autres officiers de santé, ainsi que les pharmaciens qui auraient indiqué ou administré des moyens d'avortement, seront condamnés à la peine des travaux forcés à temps, dans le cas où l'avortement aurait lieu.

Infanticide.

Art. 296. *Code pénal.*

Tout coupable d'infanticide sera puni de mort.

Art. 360. *Code pénal.*

Est qualifié d'infanticide le meurtre d'un enfant nouveau-né

Art. 9, 40, 350 *et* 353. *Code pénal.*

Ceux qui auront exposé et délaissé un enfant en un lieu solitaire et ceux qui auraient donné l'ordre de l'exposer ainsi seront condamnés à un emprisonnement de six mois à deux ans et à une amende de 16 à 200 francs.

La mère qui a délaissé son enfant est passible d'une aggravation de peine, en sa qualité de tutrice légale de son enfant.

Art. 295, 305 et 309. Code pénal.

Si la mort de l'enfant a suivi son délaissement, la personne qui l'a exposé et abandonné sera poursuivie et condamnée pour meurtre.

De l'accouchement.

La femme qui est dans la nécessité peut, en s'adressant au bureau de l'Assistance publique de son arrondissement, obtenir protection et aide pour faciliter son accouchement.

A cet effet, le bureau lui délivre un bon

pour qu'elle se rende chez une sage-femme du Bureau de bienfaisance qui lui fait faire gratuitement ses couches, en donnant en payement à la sage-femme le bon qu'on lui a remis.

***

Elle peut s'adresser directement aux hôpitaux ou à la Maternité; là, elle est admise d'office jusqu'à complet rétablissement.

Il est bien entendu que ces indications ne sont utiles que pour Paris. Pour la province on s'adresse à la mairie de sa commune.

Naissance et baptême.
Devoirs des Parrains et Marraines.

Le sacrement du baptême est une cérémonie religieuse. A cet effet, les parents de l'enfant font choix d'un parrain et d'une marraine qui, le jour fixé pour la cérémonie, se rendent avec la famille à l'église de la paroisse où le prêtre (ou le pasteur) baptise l'enfant.

Il est de toute nécessité que les parrain et marraine soient de la même religion que l'enfant que l'on porte sur les fonts baptismaux.

Les parents choisissent les noms qu'ils veulent donner à leur enfant, l'usage veut aussi qu'il porte les prénoms des parrain et marraine.

Les frais résultant des cadeaux à faire sont à la charge du parrain et de la marraine. Celle-ci offre généralement à son filleul (ou à sa filleule) la toilette de l'enfant, le parrain se charge des autres dépenses, boîtes de dragées à distribuer aux parents et amis de la famille; de plus il doit faire un cadeau à la marraine. Ce cadeau, bien entendu, est proportionné à la position de chacun. Il serait ridicule de l'exagérer. Il est d'usage de terminer par un repas de famille la cérémonie du baptême chez les parents de l'enfant.

DES CONTRATS DE MARIAGE

Acte de mariage et contrat. — De la communauté légale. Administration des biens de la communauté. Dissolution de la communauté. Renonciation à la communauté. Communauté conventionnelle. Du régime dotal. Séparation de biens. — Restitution de dot.

CHAPITRE VIII

ACTE DE MARIAGE ET CONTRAT

Le contrat de mariage est un acte par lequel les époux règlent leurs intérêts pécuniaires, il détermine sous quel régime les époux doivent se marier.

C'est l'acte le plus important de la société civile.

Le contrat de mariage doit être fait devant notaire avant la célébration de la cérémonie civile.

*
* *

L'acte de mariage est un extrait du registre de l'état civil constatant que la célébration du mariage a eu lieu dans les formes légales.

***

Les époux sont tenus de déclarer à l'officier de l'état civil s'ils ont fait ou non un contrat, la date dudit contrat, le nom et le domicile du notaire qui l'a reçu.

***

Le Code détermine quatre régimes que les époux peuvent accepter à leur choix pour la bonne réglementation de leur association conjugale de leurs biens :

Ce sont :

1° La communauté;

2° L'exclusion de la communauté;

3° La séparation de biens;

4° Le régime dotal.

On distingue deux sortes de communauté :

1° La communauté légale;

2° La communauté conventionnelle.

C'est le notaire qui indique à ses clients le choix des régimes qui leur seront les plus avantageux.

Ces régimes sont modifiés à l'infini et au gré des futurs époux.

Les époux sont considérés comme mariés sous le régime de la communauté légale, à défaut de contrat de mariage.

De la communauté légale.

La communauté légale régit les époux dans le cas où il n'ont pas fait de contrat d' mariage; ils peuvent se passer d'un acte notarié.

L'actif de la communauté comprend :

1º Tous les meubles sans exception que les époux possèdent le jour de leur mariage, ceux acquis pendant, soit par achats, donation et succession.

Les actions, l'argent, les créances, arrérages, etc., enfin tout ce qui ne constitue pas un immeuble;

2º Les immeubles acquis pendant le mariage;

3º Tous les revenus et intérêts, etc... de quelque nature que ce soit, provenant des biens de la communauté ou appartenant en propre à chacun.

Les donations d'immeubles qui sont faites pendant le mariage à l'un des deux époux ne tombent point à la communauté, à moins que la donation ne le spécifie.

L'acquisition d'un immeuble faite pendant le mariage à titre d'échange contre un immeuble appartenant à l'un ou à l'autre des époux n'entre point en communauté.

L'immeuble abandonné ou cédé par père, ou mère, ou ascendants à l'un des époux, pour le remplir de ce qu'il lui doit, n'entre pas en communauté, sauf indemnité.

Du passif de la communauté.

Le passif de la communauté comprend :

1º Toutes les dettes mobilières dont les époux étaient grevés au jour de la célébration de leur mariage;

2º Les dettes, tant en capitaux qu'intérêts contractées par le mari durant la communauté, ou par la femme avec le consentement du mari;

3° Les arrérages et intérêts des dettes ou rentes passées qui sont personnelles aux deux époux;

4° Les frais d'entretien des immeubles qui étaient la propriété des époux avant la célébration du mariage;

5° Les aliments des époux, l'entretien et l'éducation des enfants et toutes les charges du mariage.

Administration des biens de la communauté.

Seul, le mari est chargé de l'administration des biens de la communauté.

Il peut les vendre, les hypothéquer, les aliéner, sans le concours de sa femme.

La communauté légale permet au mari les dépenses exagérées, il peut même ruiner la communauté par ses dépenses, réduire à rien l'actif des époux, sans que la femme puisse légalement s'y opposer.

La loi a permis au mari de vendre, d'hypothéquer, d'échanger les immeubles de la communauté, mais il n'a pas le droit de les donner.

La donation testamentaire faite par le mari ne peut excéder sa part dans la communauté.

L'administration des biens personnels de la femme appartient au mari, mais il ne peut les vendre ni les changer sans le consentement de celle-ci.

Dissolution de la communauté.

La communauté est dissoute par trois causes :

1° Par la mort de l'un des époux;
2° Par la séparation de corps;
3° Par la séparation de biens.

* *

La séparation de corps est la séparation des deux époux.

L'adultère, les excès, les sévices, les injures graves, la condamnation à une peine infamante sont des motifs qui peuvent déterminer la séparation.

La séparation de corps entraîne nécessairement la séparation de biens, mais on peut se séparer de biens sans que la séparation de corps soit obligée.

La femme séparée de biens reprend la libre administration de ce qu'elle possède, mais elle ne peut néanmoins aliéner ses immeubles sans l'autorisation de son mari.

Elle peut, si son mari s'y refuse, demander cette autorisation en justice.

* *

On peut rétablir la communauté dissoute par la séparation de corps ou de biens, par le consentement des deux parties qui en font faire acte par notaire.

Renonciation à la communauté.

La femme peut renoncer à la communauté légale; par cet acte elle perd tous ses droits sur les biens de la communauté; elle n'a plus en sa possession que le linge et les hardes à son usage.

Renonçant à la communauté, elle est en droit de reprendre tout ce qui lui appartient comme immeubles; le prix des immeubles aliénés, toutes les indemnités qui lui peuvent être dues; elle est déchargée de toute contribution aux dettes de la communauté.

Communauté conventionnelle.

La communauté conventionnelle est la communauté légale modifiée par les époux dans leurs contrats; elle n'existe qu'autant que l'un ou l'autre aura apporté une 1 odification à la communauté légale.

Les principales modifications à apporter à la communauté légale, pour qu'elle soit conventionnelle, sont :

Code Napoléon. Article 1497. Stipule :

1° Que la communauté n'embrasse que les acquets, c'est-à-dire qu'elle ne se composera que des acquisitions faites par les époux pendant le mariage ;

2° Que le mobilier, présent ou futur, n'entrera pas en communauté ;

3° Qu'on y comprendra tout ou partie des immeubles présents ou futurs ;

4° Que les époux paieront séparément leurs dettes antérieures au mariage ; ce qui fait que la communauté, à sa dissolution, devient creancière de chacun des époux à raison des dettes qu'elle aurait acquittées pour chacun d'eux ;

5° Qu'en cas de renonciation, la femme pourra reprendre ses apports francs et quittes ;

6° Que l'époux survivant aura droit à un préciput, c'est-à-dire à une somme fixée par le contrat que le survivant pourra prélever immédiatement après la mort de l'autre conjoint;

7° Que les époux auront des parts inégales;

8° Qu'il y aura entré eux communauté à titre universel. Les époux peuvent ajouter de nouvelles clauses à ces règles, pourvu qu'elles ne soient pas contraires aux lois.

Du régime dotal.

Sous ce régime, la dot est le bien que la femme apporte au mari pour supporter les charges du mariage. La dot est constituée avant le mariage; elle ne peut être ni augmentée ni constituée pendant la durée de l'union des époux.

Le mari a seul l'administration des biens dotaux pendant le mariage; il peut être stipulé que la femme touchera annuellement une partie de ses revenus pour ses dépenses et besoins personnels.

Le mari a seul le droit d'en poursuivre les débiteurs et détenteurs et de recevoir le remboursement des capitaux.

Le mari ne peut vendre, aliéner, ni hypothéquer les biens dotaux sans l'autorisation de la femme.

Il est tenu à toutes les obligations de l'usufruitier, il est responsable des détériorations survenues par négligence. La femme peut, avec l'autorisation de son mari, donner ses biens dotaux pour l'établissement de leurs enfants communs.

La femme peut, avec l'autorisation de son mari, ou, sur son refus, avec permission du juge, donner ses biens dotaux pour l'établissement d'un ou des enfants qu'elle aurait eus d'un mariage antérieur.

Dans le cas où la justice l'autorise, elle doit néanmoins en réserver la jouissance à son mari. Si la dot est mise en péril, la femme peut demander la séparation des biens.

Les immeubles constitués en dot ne peuvent être aliénés ou hypothéqués pendant le mariage, ni par le mari, ni par la femme, ni par les deux conjoints à moins d'exceptions, qui demandent des formalités compliquées exigeant le concours d'un notaire.

Séparation de biens.

La femme conserve la libre administration de ses biens sous ce régime, ainsi que la libre jouissance de ses revenus.

Chacun des époux contribue aux charges du ménage suivant les conventions contenues dans le contrat.

La femme, dans le cas où cette clause ne serait pas stipulée, contribue à ces charges jusqu'à concurrence du tiers de ses revenus.

La femme ne peut aliéner ses immeubles sans l'autorisation de son mari, ou le concours de la justice.

Restitution de dot.

En cas de dissolution de mariage pour cause de décès,divorce, etc., le mari ou ses héritiers sont tenus à restituer la dot sans délai si elle a été constituée en meubles ou immeubles.

Si la dot consiste en argent, la restitution ne pourra en être exigée qu'un an après la dissolution du mariage.

DU DIVORCE

Causes du divorce.
Les formes du divorce, effets, etc.
Séparation de corps.

CHAPITRE IX

DU DIVORCE ET SES CAUSES

La loi du divorce fut promulguée le 27 juillet 1884.

Le Code civil détermine ainsi les clauses du divorce :

Article 306. — Le mari pourra demander le divorce pour cause d'adultère de sa femme.

Même article. — La femme pourra demander le divorce pour cause d'adultère de son mari.

Article 235. — Les époux pourront réciproquement demander le divorce pour excès, sévices, injures graves de l'un d'eux envers l'autre.

Article 261. — La condamnation de l'un des époux à une peine afflictive et infamante sera pour l'autre époux une cause de divorce.

Dans ce dernier cas, il suffit de présenter, pour obtenir le divorce, au Tribunal de première instance, une expédition de la décision portant condamnation, plus un certificat du greffier constatant que cette décision ne peut être réformée par les voies légales.

L'article 1er de la loi du 1er avril 1884 dit que :

L'époux qui veut former une demande en divorce doit présenter une demande au président du tribunal ou au juge qui en fait fonction.

Le juge peut autoriser le demandeur à résider séparément, en indiquant le lieu de la résidence provisoire, s'il s'agit de la femme.

La cause est instruite et jugée dans la forme ordinaire.

****

Le tribunal peut sur la demande de l'un,

des époux, soit sur celle de l'un des membres de la famille, soit sur les réquisitions du ministère public, voire même d'office, ordonner toutes les mesures provisoires qui lui paraissent nécessaires dans l'intérêt des enfants.

La femme est tenue de justifier de sa présence dans la maison indiquée toutes les fois qu'elle en est requise. Dans le cas contraire, le mari peut refuser la provision alimentaire et, si la femme est demanderesse du divorce, la faire déclarer non recevable à continuer ses poursuites.

L'un ou l'autre des époux peut, dès la première ordonnance, prendre des mesures conservatoires pour la garantie de ses droits : notamment requérir l'opposition des scellés sur les biens de la communauté. Le même droit appartient à la femme, pour la conservation de ses biens dont le mari a l'administration ou la jouissance.

L'action en divorce est éteinte par la réconciliation des époux survenue, soit depuis les faits qui auraient pu autoriser cette action ou depuis la demande en divorce.

Les époux divorcés ne pourront plus se réunir si l'un ou l'autre a, postérieurement au divorce, contracté un second mariage suivi d'un second divorce.

Après la réunion des époux, il ne sera plus reçu d'instances en divorce, à moins de peine afflictive ou infamante prononcée contre l'un des deux depuis leur réunion.

Au cas de réunion des époux, une nouvelle célébration de mariage sera nécessaire.

Les époux pourront adopter un autre régime que celui qui réglait précédemment leur union.

Dans le cas de divorce admis en justice

pour cause d'adultère, l'époux coupable ne pourra jamais se marier avec son complice.

*
* *

L'époux contre lequel le divorce aura été prononcé perdra tous les avantages que l'autre lui avait faits par contrat, ou depuis le mariage.

*
* *

L'époux qui aura obtenu le divorce conservera les avantages à lui faits par l'autre époux.

*
* *

Si les époux ne s'étaient fait aucun avantage, ou si ceux stipulés ne paraissent pas suffisants pour assurer l'existence de l'époux qui a obtenu le divorce, le tribunal pourra accorder sur les biens de l'autre époux une pension alimentaire qui ne pourra excéder le tiers de ses revenus.

*
* *

Les enfants sont confiés à l'époux qui

a obtenu le divorce, à moins que le tribunal n'ordonne, pour l'avantage des enfants lorsqu'ils ont encore besoin des soins de la mère, qu'ils soient confiés à l'un ou à l'autre époux ou encore à une tierce personne.

Séparat'on de corps.

Dans le cas où il y a lieu à la demande en divorce, il sera libre aux époux de demander une séparation de corps.

La différence qui existe avec le divorce est que les deux époux ne pourront contracter une nouvelle union.

Quand la séparation de corps aura duré trois ans, sans réunion des époux, le jugement pourra être converti en jugement de divorce, sur la simple demande formée par l'un des deux époux.

MODÈLES

DE

LETTRES DIVERSES

Pour la Correspondance

CHAPITRE X

SPÉCIMENS DE LETTRES DIVERSES

Lettre respectueuse d'un jeune homme à un père de famille pour lui demander sa fille en mariage.

Monsieur,

Éperdument amoureux de Mlle Blanche X..., votre fille, j'ose me permettre de vous adresser cette lettre pour solliciter sa main.

J'ai 25 ans, je suis sans fortune, il est vrai, mais je possède un bon emploi qui me permet de gagner largement ma vie tout en assurant l'avenir et même l'aisance pour la famille que je voudrais me créer.

Mes parents, auprès desquels je me suis ouvert de mes intentions matrimoniales, me donneront leur plein consentement. Mlle Blanche, que j'ai très respectueusement pressentie, n'est pas, je crois, défavorable à la demande que je vous adresse.

Croyez que mon bonheur futur est entre vos mains et dépend de vous.

J'ose espérer, Monsieur, que ma demande recevra de vous l'accueil favorable à mes désirs.

Dans l'attente d'une réponse qui, je l'espère, comblera mes vœux, veuillez agréer, Monsieur, l'assurance de mon respect et de mon entier dévouement.

Signature :

Réponse favorable du père de la jeune fille.

CHER MONSIEUR,

J'ai consulté ma fille, principale intéressée dans la demande que vous m'avez adressée. Je sais d'autre part que vous êtes un jeune homme sérieux, bon ouvrier (ou bon employé) et que nous pouvons, ma femme et moi, vous confier le bonheur, l'avenir de notre chère enfant. Puisque ma fille consent à l'union que vous sollicitez, je n'ai aucun motif personnel pour m'y opposer.

Nous espérons que vous nous apporterez à votre prochaine visite le consentement formel de votre famille, sans lequel il nous serait impossible de donner une suite favorable à vos projets.

Dans l'attente de vous voir, recevez, cher Monsieur, l'assurance de nos meilleurs sentiments d'estime et d'amitié.

Signature :

Réponse défavorable des parents d'une jeune fille à une demande en mariage.

CHER MONSIÉUR,

Je fais réponse à la lettre que vous m'avez fait l'honneur de m'adresser, au sujet de vos projets d'union avec notre fille.

Après avoir consulté ma femme sur l'opportunité de ce mariage, j'ai le regret de vous faire savoir que nous ne pouvons vous donner le consentement que vous nous demandez.

Des motifs particuliers et sérieux que je ne puis vous donner s'opposent à la réalisation de vos espérances.

Je ne puis donc, à mon grand regret, que vous prier de renoncer à une union que nous jugeons impossible, malgré tout notre désir de vous être agréable.

Veuillez croire, cher Monsieur, à tous nos

regrets et recevoir l'assurance de nos sentiments toujours dévoués.

Signature :

Réponse non favorable d'une jeune fille à une demande en mariage.

MONSIEUR,

La demande très honorable que vous avez
faite auprès de mes parents pour demander
ma main ne peut qu'être flatteuse pour moi
et j'ai lieu d'en être fière.

Mes parents m'ayant laissé toute latitude
pour vous répondre, je le fais aujourd'hui
avec franchise; c'est donc avec la pensée
que vous voudrez bien ne pas vous montrer
fâché de ma réponse que je vous écris aujourd'hui.

Si mon cœur était libre, je pourrais peut-
être vous donner l'espoir d'une union qui
comblerait vos vœux, pour me servir de

votre expression; je ne veux tromper personne, j'ai donné ma parole et je ne saurais y manquer. Je suis fiancée à mon cousin X... qui, vous le savez, est au régiment; j'attendrai son retour, car j'ai confiance dans sa promesse. (Dans le cas où l'on n'aurait pas ce motif à faire valoir, avant « si mon cœur était libre » on dira : Pour des raisons particulières et des motifs sérieux sur lesquels je ne puis vous donner des détails, il ne m'est pas possible d'accepter l'offre que vous voulez bien me faire aujourd'hui.)

Ou encore :

Si les motifs que j'invoque aujourd'hui venaient à disparaître par la suite, il se pourrait que je fasse meilleur accueil à votre demande, mais je ne le prévois pas pour le moment.

Je vous prie donc, Monsieur, de renoncer à toute démarche qui pourrait nuire à ma réputation, me faire accuser de coquetterie, ou donner des soupçons sur la fidélité de mes engagements.

Croyez, Monsieur, à touté ma discrétion sur votre démarche et veuillez me croire comme par le passé,

Votre amie,

Signature :

Ces lettres peuvent être signées du prénom et du nom de famille, elles n'ont rien de compromettant pour la réputation d'une jeune fille, mais elles doivent avoir reçu l'approbation de ses parents.

Lettre d'un jeune homme à ses parents pour leur demander leur consentement à son mariage.

CHERS PARENTS,

Ma dernière lettre vous semblait peut-être ambiguë par les détours que je prenais à vous avouer mes intentions matrimoniales.

Aujourd'hui, fermement décidé, je viens vous faire part de mes projets.

J'aime ue tout mon cœur une jeune demoiselle, courageuse, bonne ouvrière et de famille honorable ; voilà près de... mois que nous nous connaissons. J'ai résolu d'en faire ma femme, la jugeant digne d'entrer dans votre famille. Croyez, mes chers parents, au bonheur de votre fils, si vous lui donnez votre consentement pour prendre l'épouse de son choix.

Impatiemment, j'attends votre réponse et je la suppose à l'avance, bonne, connaissant votre bon cœur, je suis persuadé que vous ne refuserez pas de participer au bonheur de Votre fils qui vous aime tendrement.

CHARLES.

Réponse favorable des parents à leur fils.

MON CHER ENFANT,

Ta lettre nous a bien surpris, en effet, car, pour nous, tu es toujours le gamin que nous avons élevé et cela nous semble si drôle que tu prennes femme, que, ta mère et moi, nous en sommes tout interdits.

Puisque celle que tu désires est honnête, épouse-la, mon garçon ; sois heureux avec elle et crois que ta mère et moi ferons des vœux pour votre bonheur à tous les deux. Si nous n'étions pas si âgés, c'eût été pour nous une grande joie d'assister à ton mariage ; mais, de loin, nous vous suivrons par la pensée et nous serons de cœur avec toi, avec vous.

Embrasse pour nous ta fiancée, sans la connaître, nous l'aimons déjà, et présente à sa famille la parfaite assurance de notre considération.

A toi, garçon, une bonne brassade pour ta mère et moi.

Ton père bien affectionné.

P. S. — Tous nos compliments affectueux à ta fiancée et à sa famille.

8

Réponse non favorable des parents à la demande de leur fils.

MON CHER ENFANT,

Nous avons lu avec attention ta lettre nous faisant part de tes intentions de mariage avec Mlle X...

Je commence par te dire que nous n'avons aucun parti pris contre l'idée de mariage qui doit être le but honnête dans la vie de tout jeune homme sérieux.

Nous ne connaissons pas Mlle X... ni sa famille, par conséquent ce n'est pas là le motif qui nous guide pour te déconseiller de donner suite à tes projets; mais as-tu assez réfléchi avant de te mettre en tête l'idée du mariage? Ne crois-tu pas qu'en engageant ainsi ton avenir, tu risques la désillusion qui suit généralement une union irréfléchie?

L'amour n'est pas tout dans le mariage,

la lune de miel, pour nous servir du langage consacré, ne dure pas longtemps, il faut donc voir au delà de l'amour, et il est de notre devoir de te le rappeler avant de t'engager pour la vie.

Nous ne voulons pas, ta mère et moi, te faire de la peine, mais à notre avis, tu es encore trop jeune pour prendre un parti aussi grave; ta position peut te suffire pour toi seul, en vivant avec économie; pour deux, elle serait insuffisante, et s'il te survient d'autres charges, ce sera la gêne et peut-être la misère.

Nous croyons donc devoir t'engager à remettre tes projets à plus tard et nous sommes persuadés que tu nous sauras gré de t'avoir parlé à cœur ouvert.

Réfléchis encore avant de faire une démarche directe auprès des parents de la demoiselle, rien ne presse et nous serons très heureux, ta mère et moi, d'apprendre que tu as renoncé, au moins pour le moment, à tes projets de mariage.

Crois bien, mon cher enfant, à nos sentiments d'inaltérable affection et à notre entier dévouement pour tout ce qui touche à
ton bonheur présent et futur.

Ton père bien affectionné.

Lettre d'un jeune homme à une jeune ouvrière orpheline pour lui demander sa main.

MADEMOISELLE,

Pardonnez la témérité de ma lettre, elle
va, sans aucun doute, vous surprendre.

Depuis notre dernière entrevue, où je me
suis presque déclaré à votre intention, cette
pensée plus que jamais me hante, et je viens
aujourd'hui, Mademoiselle, oh ! très respectueusement, vous demander : Me voulez-
vous comme mari?

Je vous aime d'un amour profond et sincère, vous êtes orpheline et je suis sans parents; voulez-vous que nous unissions notre solitude mutuelle et que nous essayions d'être heureux ensemble pour l'avenir?

J'ai une petite position qui nous permettrait de vivre honorablement; vous-même gagnez largement votre vie. Je vous aime. M'aimez-vous un peu???

Si oui, oh! dites-le moi; et vous verrez de quelle façon je saurai vous chérir et vous donner une existence heureuse, à laquelle vous avez certes bien droit, car j'apprécie comme vous le méritez votre conduite et vos qualités sérieuses.

J'ose, Mademoiselle, vous baiser respectueusement la main.

Signature :

Réponse favorable de la demoiselle à la demande ci-dessus.

Monsieur,

Votre lettre m'a surprise, elle m'a rendu toute heureuse et émue. Dois-je accepter?

Mon cœur répond : Oui, car j'ai la conviction intime que vous m'aimez sincèrement. Je n'ai donc pas le droit de vous refuser et de vous rendre malheureux.

Nous n'avons ni l'un ni l'autre à obtenir le consentement de nos parents, puisque la destinée nous a privés de leur affection, de leur soutien. Agissez donc selon nos vœux; je me confie à votre honnêteté dans laquelle j'ai pleine confiance.

Confiante, Monsieur, dans la loyauté de vos sentiments,

Recevez l'assurance de mon amitié sincère et toute dévouée.　　　　　JEANNE.

Autre réponse
d'une jeune fille orpheline à une demande en mariage.

Monsieur,

J'ai reçu la lettre que vous m'avez adressée directement dans le but de contracter une union avec vous.

Votre démarche, si honorable qu'elle soit pour moi, ne peut m'empêcher de prendre une décision aussi grave sans avoir consulté la personne dans laquelle j'ai toute confiance et à qui est confiée la défense de mes droits et de mes intérêts.

Veuillez donc, je vous prie, adresser votre demande à mon tuteur (ou à Mme X...). Je ne doute pas qu'il (ou qu'elle) vous donne une réponse. Quant à moi, il ne m'est pas possible de vous la donner sans leur consentement préalable.

Veuillez agréer, Monsieur, l'expression de mes sentiments distingués.

Signature :

Déclaration d'un homme plus âgé à une jeune demoiselle.

MADEMOISELLE,

Le refus que je puis attendre par le fait de mon âge, m'adressant à une demoiselle, me rend timide à l'excès. Pourtant, je vous aime et, malgré cette timidité, j'ose vous écrire et vous le dire. Depuis longtemps, je vous suis, mais craignant de vous importuner, je n'ai pas osé, jusqu'ici, vous faire part de mes sentiments intimes.

Je sais cependant qui vous êtes et ce qu'est votre famille. Je vous sais honnête personne, travailleuse et digne d'intérêt.

La différence d'âge, de position qui existe ne fait rien, et n'ôte rien non plus aux qualités du cœur. Je vous aime d'un amour profond et les années qui nous séparent s'effaceraient, croyez-le bien, devant une affection sérieuse et durable.

Vous dire que je ferai de vous la plus heureuse et la plus adorée des femmes, vous dire les mille et un projets et rêves que mon cerveau invente journellement lorsque ma pensée est à vous, je m'y refuse, vous ne me croiriez pas !

Malgré les difficultés que je prévois, j'espère et crois que mon rêve se réalisera. Si je ne suis plus jeune, d'autre part, je n'ai pas à me créer ce que la jeunesse entreprend, ma position est établie, bien stable, et il ne me manque que vous, Mademoiselle, pour être parfaitement heureux, désespérant de l'être, si je n'ai pas la joie de me savoir agréé par vous.

Parlez, Mademoiselle, c'est dans une cruelle attente que je suis impatient de votre réponse.

Je suis avec respect, Mademoiselle, votre serviteur.

Réponse de la jeune demoiselle à la lettre ci-dessus.

MONSIEUR,

Votre confiance m'honore et votre lettre me flatte. Croyez, Monsieur, que ce serait pour moi une joie de vous rendre heureux en réalisant votre rêve; mais ne vous trompez-vous pas à mon égard? Mon caractère un peu capricieux, volontaire même, pourrait modifier vos sentiments. Je suis une bonne fille, mais un peu méchante par instants.

Voulez-vous mieux me connaître? J'ai ma mère, adressez-vous à elle, elle vous dira mes défauts et mes qualités (si j'en possède toutefois) et si, malgré ses renseignements, vous persistez dans vos intentions, je consentirai peut-être à vos désirs, préférant une affection sûre et vraie aux paroles vaines et sans conséquence des jeunes gens.

Signature :

Déclaration passionnée
d'un jeune homme à une demoiselle plus riche que lui.

MADEMOISELLE,

Quelle audace, direz-vous, quand vous connaîtrez le signataire de cette lettre? Mais vous êtes bonne, et l'amour peut faire ce que je n'oserai tenter en d'autres circonstances et il faut que mon cœur soit en cause et me fasse cruellement souffrir pour avoir osé vous adresser cette lettre ou plutôt, cette déclaration. Oui, Mademoiselle, j'ose vous dire aujourd'hui que je vous aime, que je vous aime follement, sincèrement et j'ajoute que je serais fou de joie si vous consentiez à unir votre existence à la mienne.

Votre position de fortune est, je le sais, supérieure à la mienne, mais l'amour vrai, sincère et dévoué ne s'arrête pas à ces considérations intéressées.

Votre beauté, votre distinction, votre esprit naturel et votre caractère vous font supérieure à toutes les femmes et croyez bien que j'apprécie toutes vos qualités. Vous êtes l'idole qu'on voudrait adorer à genoux. Vous êtes l'étoile lumineuse vers laquelle se dirigent toutes mes pensées.

Serez-vous assez cruelle, assez impitoyable pour refuser d'entendre ma prière?

Écoutez la voix d'un cœur qui pleure et ne vit que pour vous seule.

Je suis prêt, Mademoiselle, à vous sacri-

fier ma vie et je dépose à vos piéds les sentiments d'un cœur qui ne bat que pour vous.

J'attends de vous, Mademoiselle, un mot
d'espoir ou de pardon pour ma témérité.

Veuillez croire à mon profond respect.

Signature :

Lettre de rupture, sans motif valable, d'un jeune homme à une demoiselle.

MA CHÈRE,

Trop tard, hélas ! je comprends que nous
n'étions pas faits l'un pour l'autre. Reprenons,
veux-tu, notre liberté ; n'éternisons pas une
liaison qui semble nous être à charge à tous
deux et redevenons ce que nous étions avant
de nous connaître.

Des reproches, je n'en ai point à t'adresser, mais nos cœurs n'ont rien à attendre,
n'ayant jamais rien sollicité.

Je fais des vœux pour que la malechance

ne te serve pas et crois-moi pour l'avenir un bon camarade.

Bien à toi,

JULIEN.

Réponse à la lettre ci-dessus.

MON CHER,

Je ne veux pas rechercher les mobiles secrets qui te font agir ainsi; tu as cru, comme moi, que nous pouvions nous aimer toujours. Nous nous sommes trompés l'un et l'autre, le malheur est qu'il ne t'en reste rien et que l'ironie finale de ta lettre me paraît être bien placée dans cette circonstance.

J'accepte donc sans regrets une rupture qui semble combler tes vœux.

Des souhaits pour ton bonheur, je n'en fais aucun, je désire seulement qu'il ne nous reste aucun regret pour l'avenir.

CAMILLE.

Autre lettre de rupture.

MA CHÈRE AMIE,

La dure expérience de la vie nous apprend qu'on se lasse de tout, même des meilleures choses. Nous l'avons appris à nos dépens et le moment est venu, je crois, de rompre une liaison qui nous est à charge à tous les deux. Les reproches sont inutiles, les regrets seraient superflus.

Il faut avoir le courage de prendre un parti et mettre fin à une erreur : nos caractères ne sympathisent plus et l'amour a fui de notre nid, à tire-d'aile. Faisons comme lui, séparons-nous sans récriminations. Si le hasard voulait que nous nous retrouvions dans la vie, oublions tous deux que nous nous sommes bien aimés.

Adieu, ma chère amie.

HENRI

FIN

TABLE DES MATIÈRES

SCEAUX. — IMP. CHARAIRE

www.ingramcontent.com/pod-product-compliance
Ingram Content Group UK Ltd.
Pitfield, Milton Keynes, MK11 3LW, UK
UKHW022046070726
13613UKWH00002B/699